Textes, photos et couverture

Sandrine Bonas

Autoédition

Droits d'auteur- Mars 2018- Sandrine Bonas

Tous droits réservés

Préface

Le chat est source d'inspiration illimitée : il nous apprend l'art de ne rien faire, de rester immobile, d'être patient, déterminé, joueur, d'observer ce qui nous entoure avant de passer à l'action.

Sa beauté nous surprend, son élégance naturelle aussi.

Dans ce livre, vous allez pouvoir méditer sur une photo insolite, une citation qui l'accompagne et répondre spontanément aux questions.

Seul(e), en famille ou entre ami(ie)s, vous pouvez vous amuser à échanger, à partager vos points de vue sur ce que nous enseignent ces félins domestiques...

« Astrologie, ou quand les étoiles éclairent des illuminés qui éblouissent des lunatiques » Paul Carvel

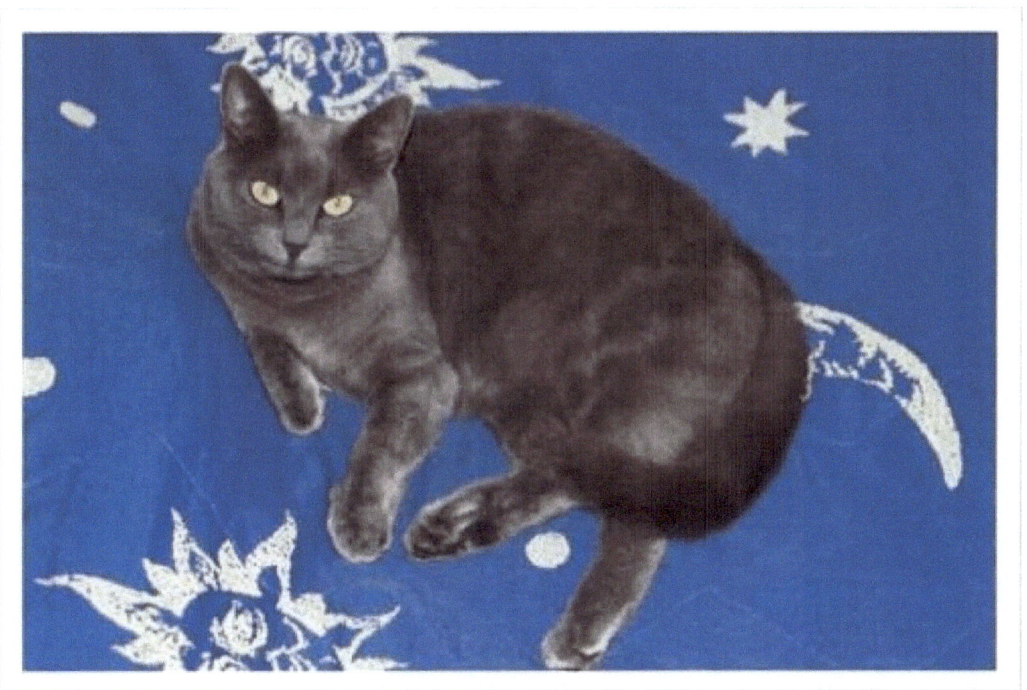

Pensez-vous être influencé(e) par les planètes, les astres ou la lune ?
Comment cela se manifeste chez vous ?

« Choisissez un travail que vous aimez et vous n'aurez jamais à travailler un seul jour dans votre vie »
Confucius

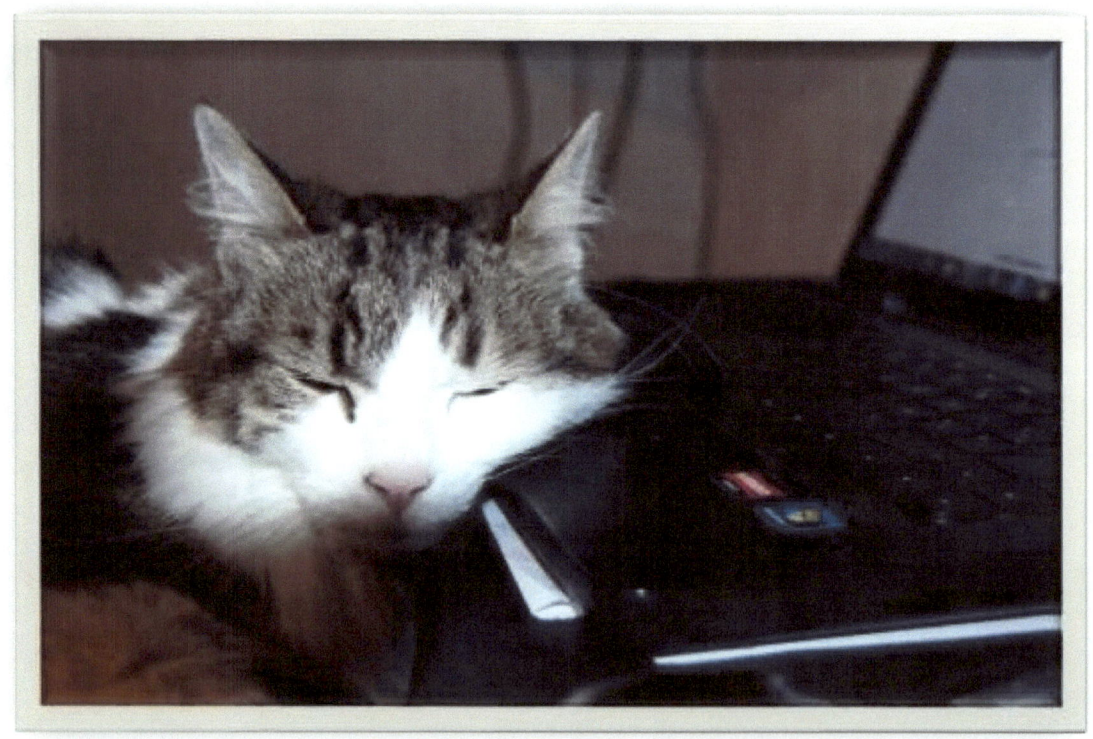

Quel serait pour vous le travail idéal ? Pourquoi ?

« A quoi sert la lumière du soleil si on a les yeux fermés » Proverbe arabe

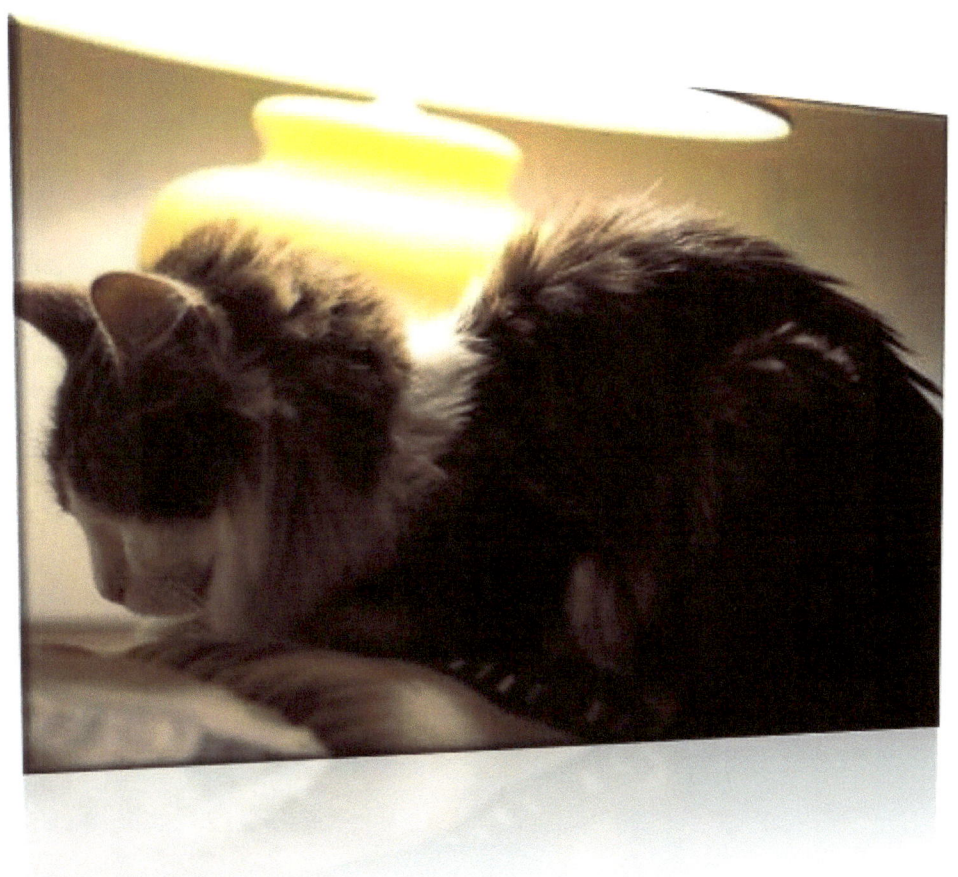

Qu'est-ce qui pourrait vous éblouir au point de devoir fermer les yeux ?

« Il y a des prisons sans barreau dont il est dur de se libérer » Céline Rigal

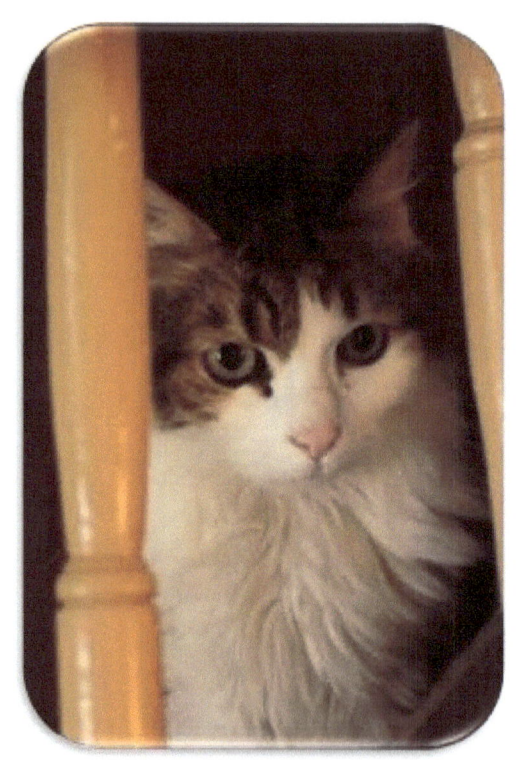 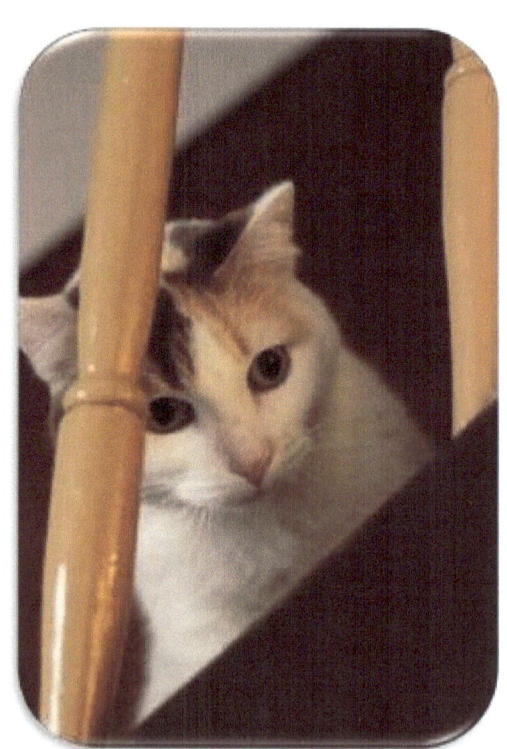

Que signifie pour vous être libre ?

Dans quel(s) domaine(s) de votre vie vous sentez-vous emprisonné(e) ?

« De temps en temps il faut se reposer de ne rien faire » Jean Cocteau

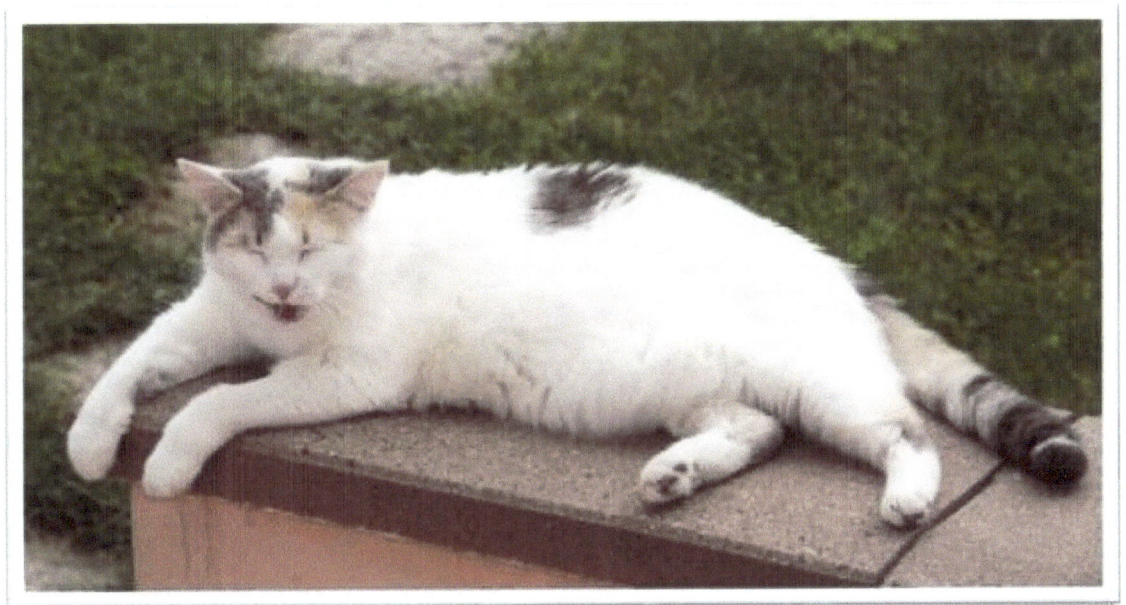

Etes-vous capable de ne rien faire ?

« La beauté est dans les yeux de celui qui regarde »

Oscar Wilde

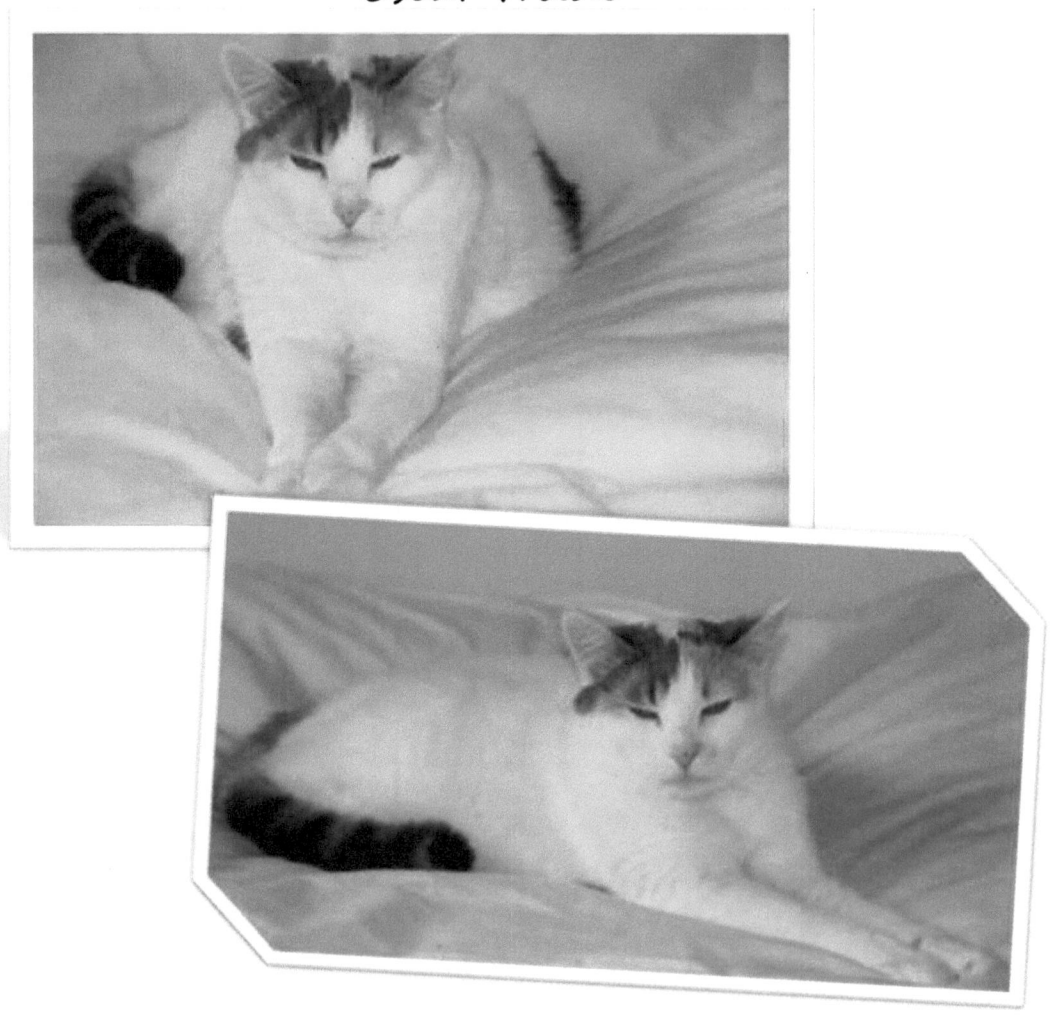

Qu'est-ce qui est beau ou source de beauté ?

« Prends soin de ton corps pour que ton âme ait envie de l'habiter » Proverbe chinois

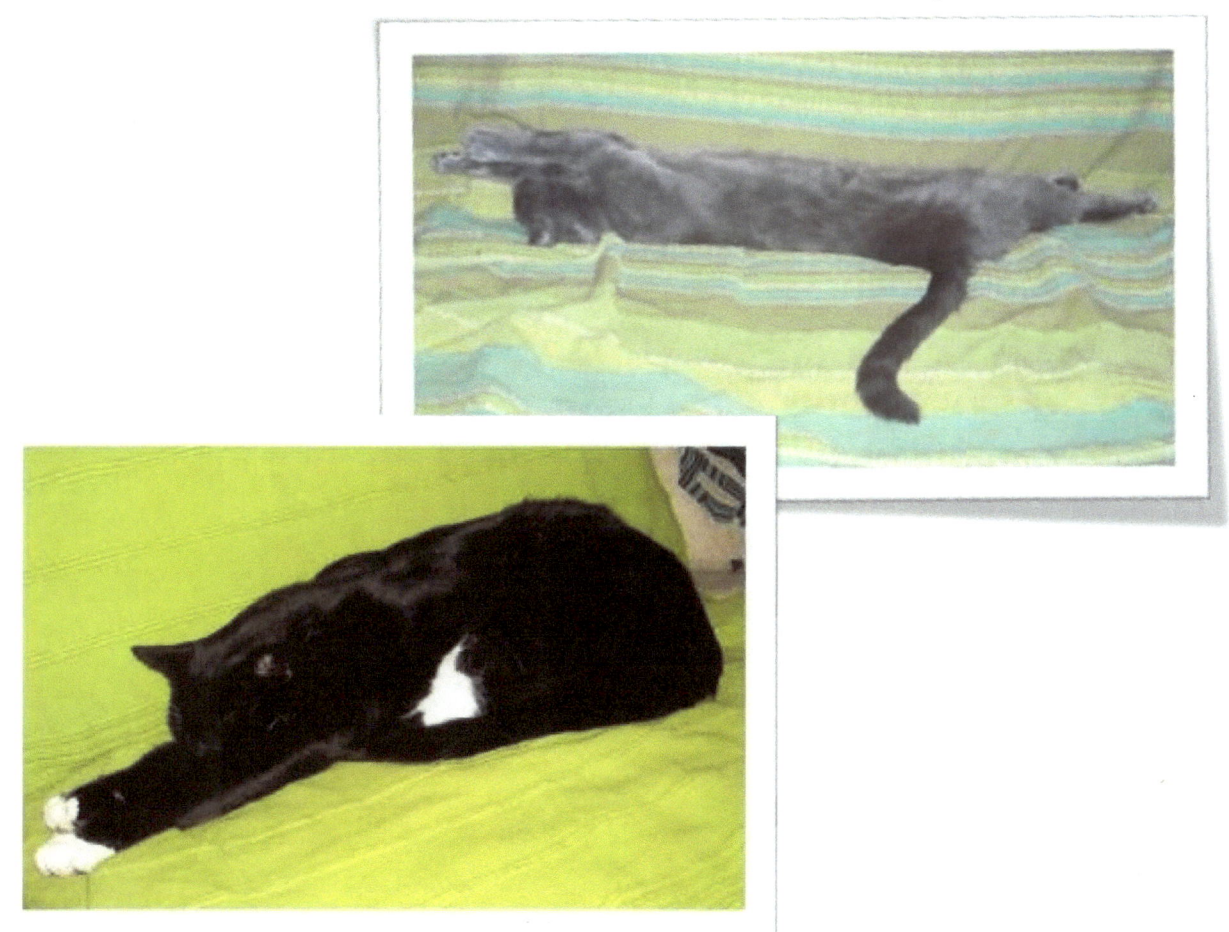

Quelles sont les actions concrètes que vous menez pour prendre soin de vous ?

« Parfois lâcher prise est un acte plus puissant que se défendre ou s'accrocher »

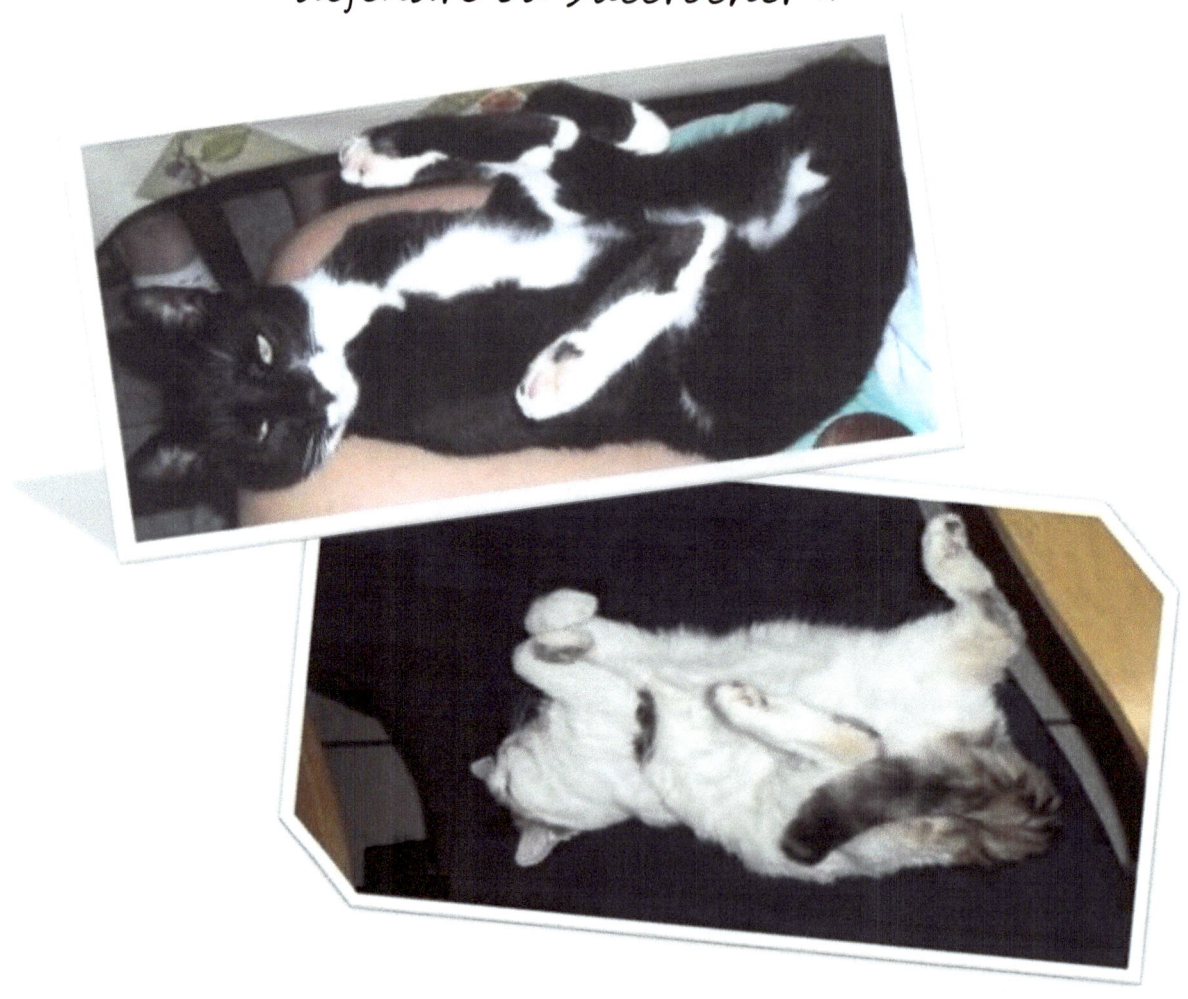

Dans quelle(s) situation(s) avez-vous lâché prise ?

« Où se cacher quand c'est de soi-même qu'on a peur ! »
Gregg Hurwitz

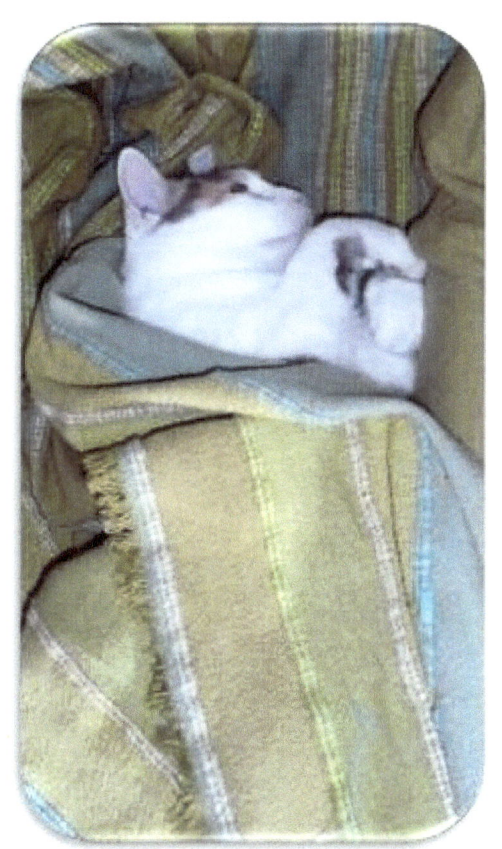
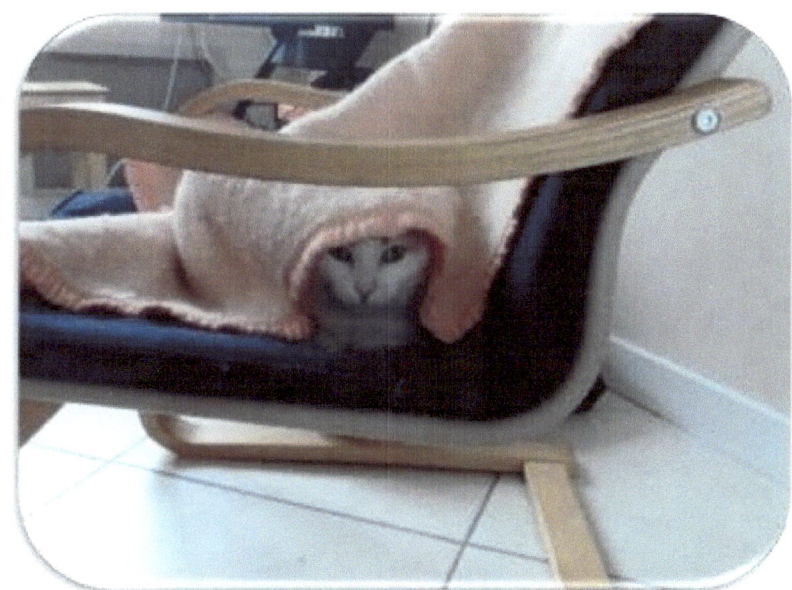

En quoi avez-vous confiance ?

« Ne te lasse pas de crier ta joie d'être en vie et tu n'entendras plus d'autres cris » Proverbe Touareg

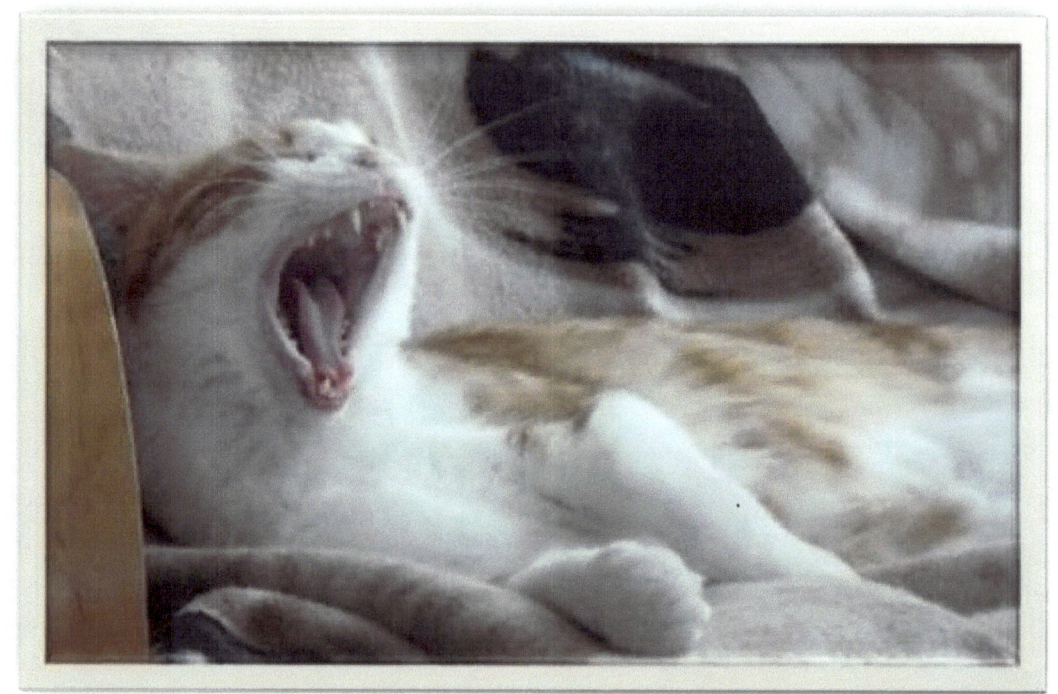

Qu'est-ce qui vous met en joie dans votre quotidien?

« Cela ne sert à rien de vous stresser.

Respirez, souriez, laissez-vous aller »

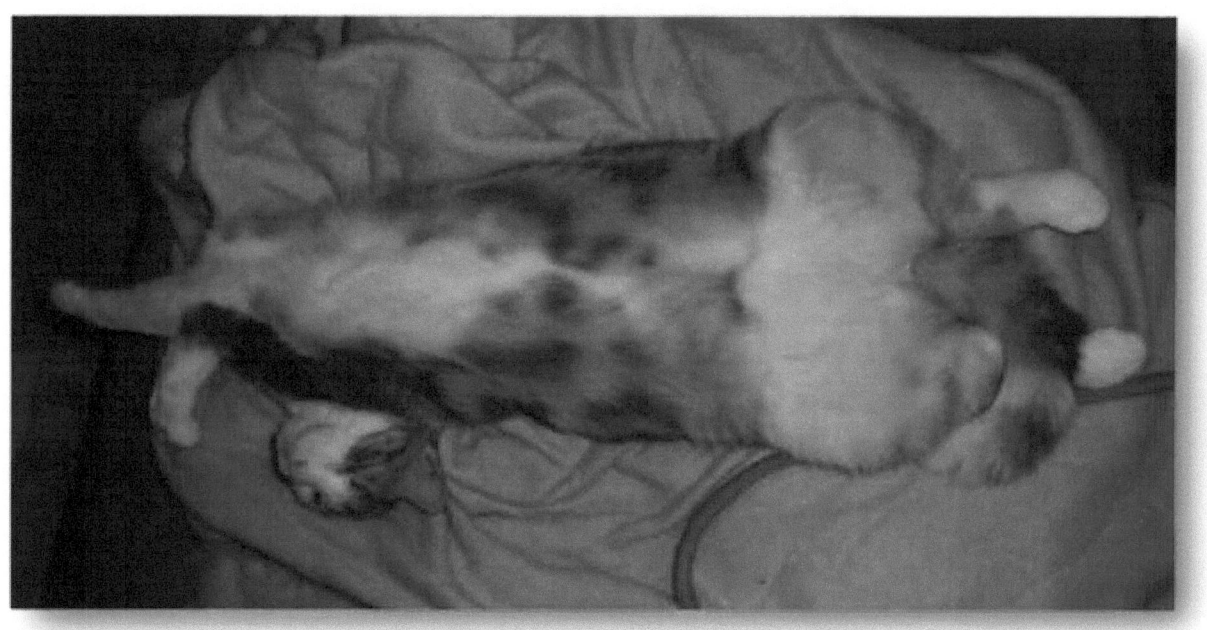

Dans quelles situations vous sentez-vous bien et détendu ?

« Si vous avez confiance en vous-mêmes, vous inspirerez confiance aux autres » Goethe

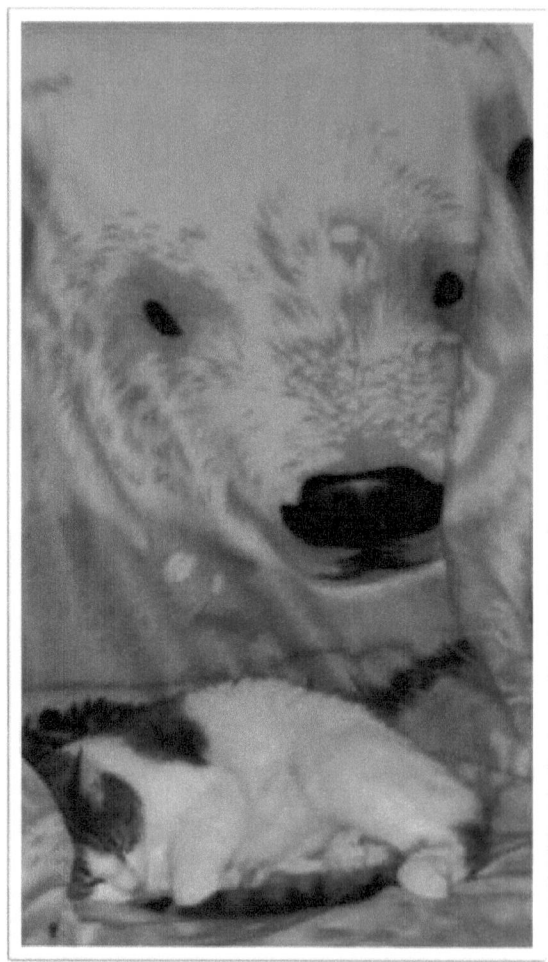

Citez toutes les fois où vous avez eu confiance en vous

« L'élégance, c'est quand l'intérieur est aussi beau que l'extérieur » Coco Chanel

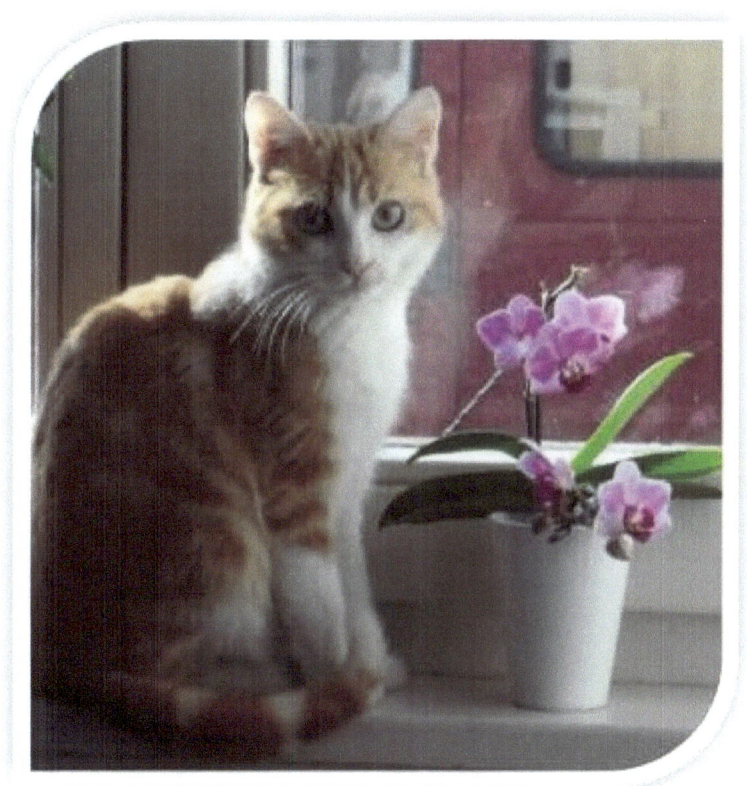

Citez tout ce que vous aimez chez vous

« La beauté c'est quelque chose dans le regard qui exprime l'intelligence, et l'intelligence c'est quelque chose dans le regard qui exprime la beauté » Bernard Werber

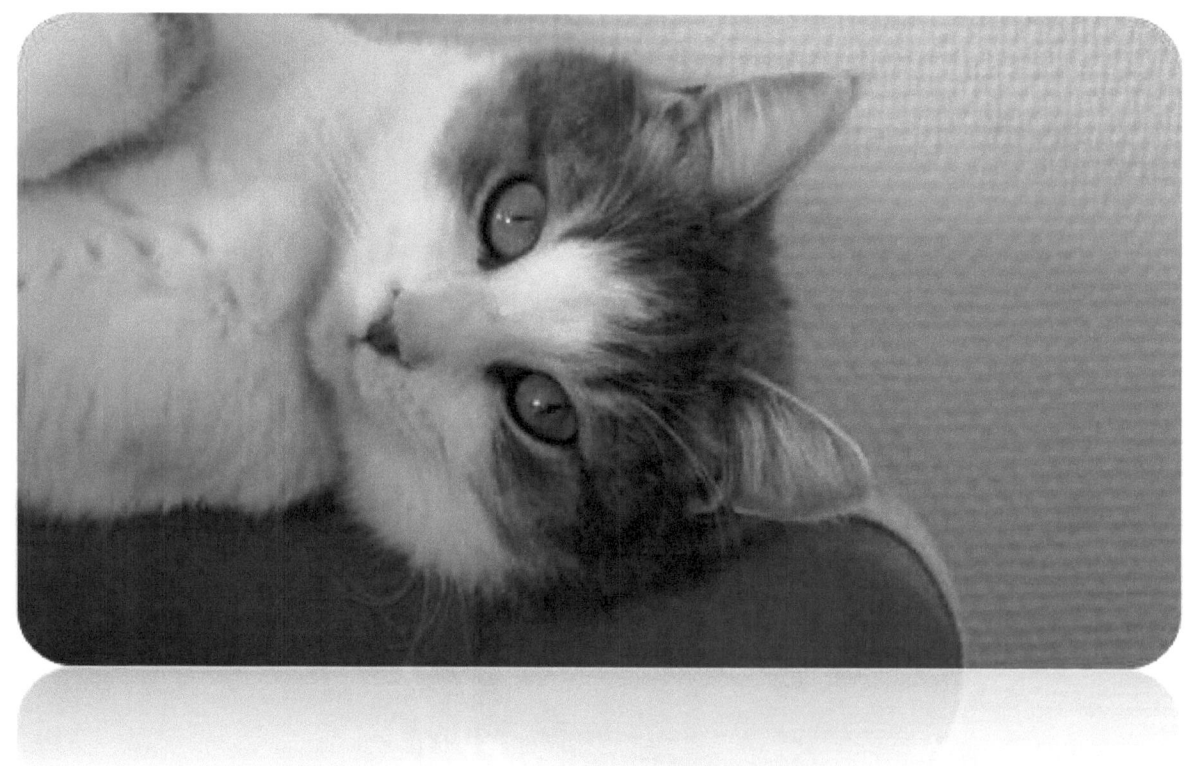

Qu'aimez-vous chez les animaux ?

Qu'appréciez-vous en eux ?

« Je suis l'ombre, tu es la lumière, ensemble nous formons l'univers. Il y a toujours une part d'ombre et une part de lumière en nous » Kira

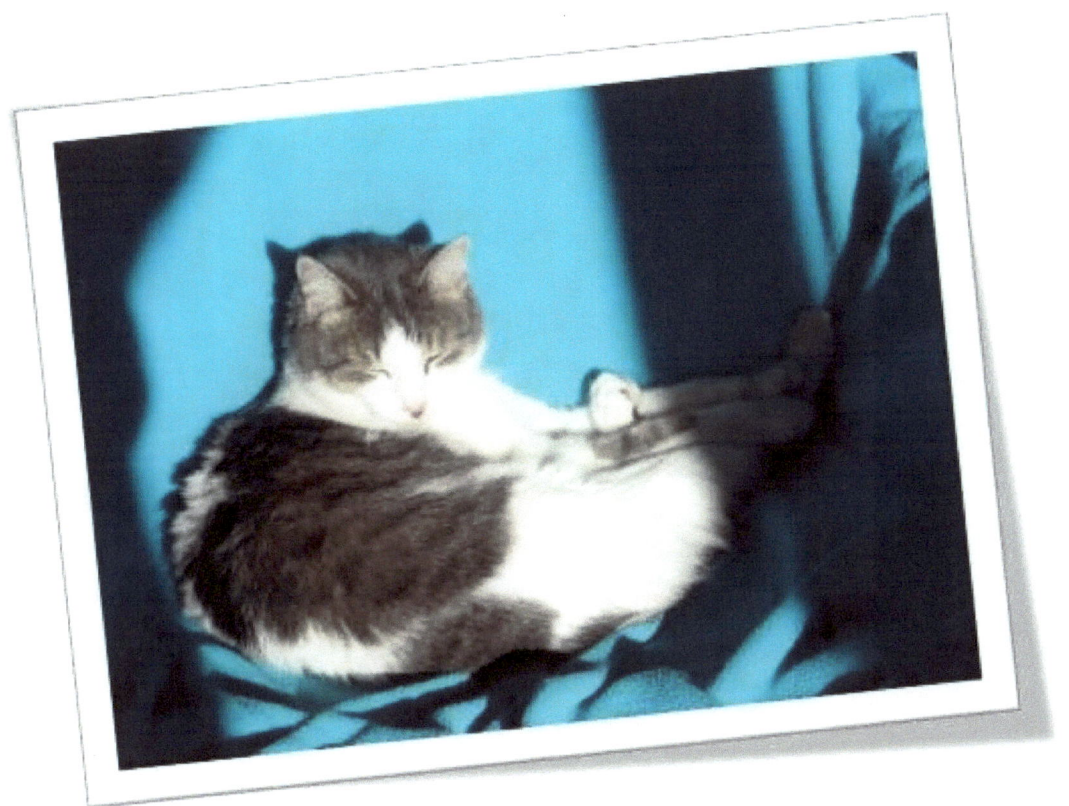

En quoi êtes-vous un être lumineux ?

« Fixer quelqu'un dans les yeux, c'est aussi se regarder en face soi-même » Reira Serizawa

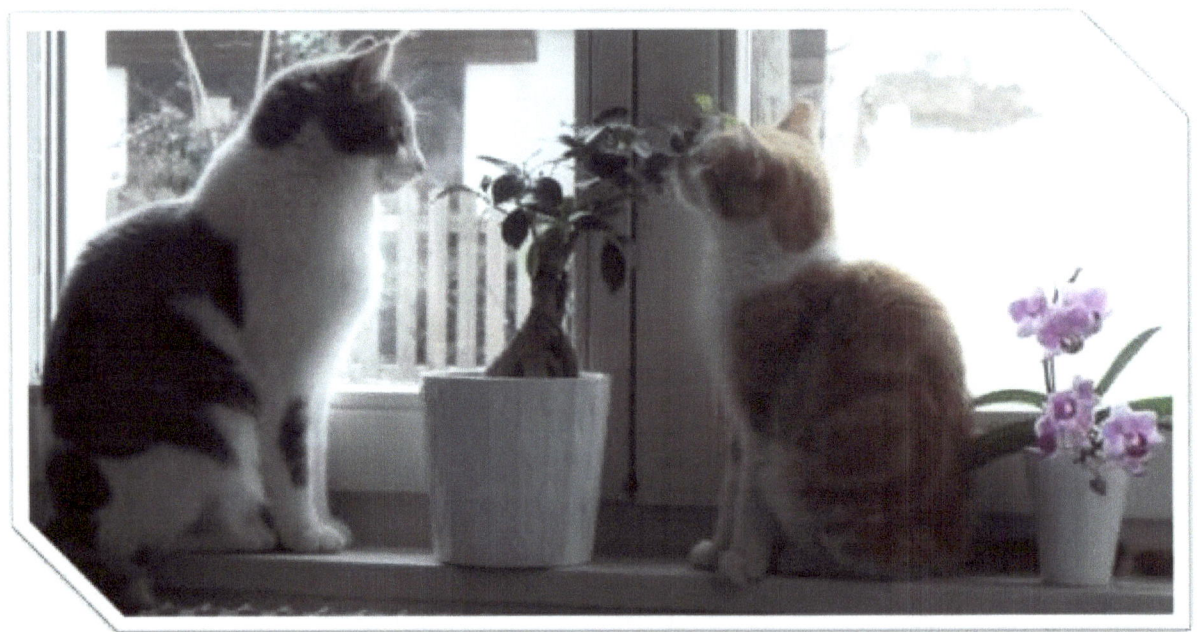

Si vous deviez changer quelque chose chez vous, ce serait quoi ?

« Aimer, ce n'est pas se regarder l'un l'autre, c'est regarder ensemble dans la même direction."
Antoine de Saint-Exupéry

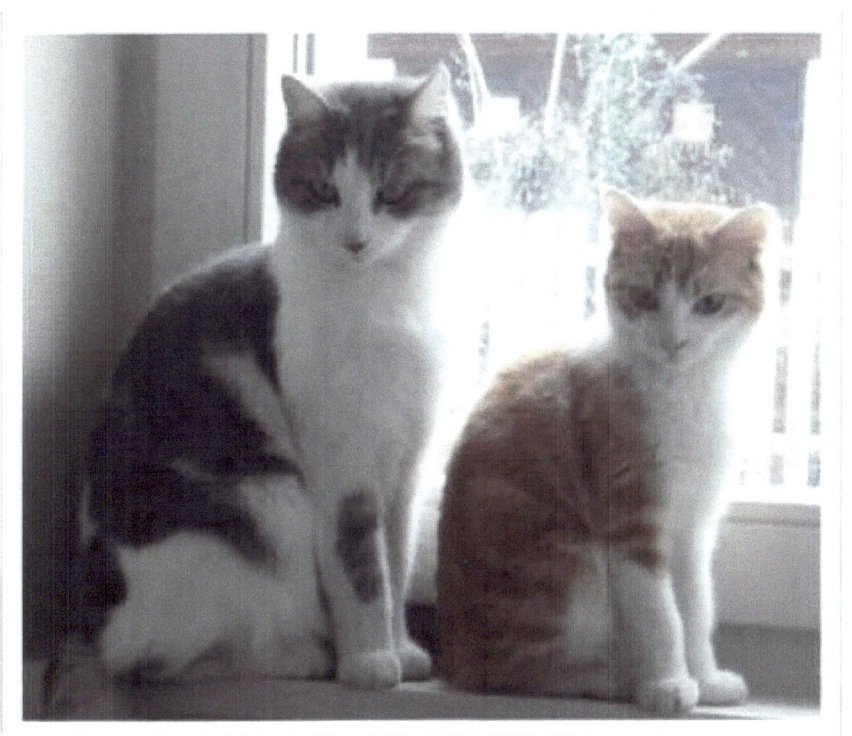

Quelles sont vos projets communs avec votre compagne ou votre compagnon ?

« Aimer, c'est prendre soin. Aimer est un verbe Actif ! »
Isabelle Filliozat

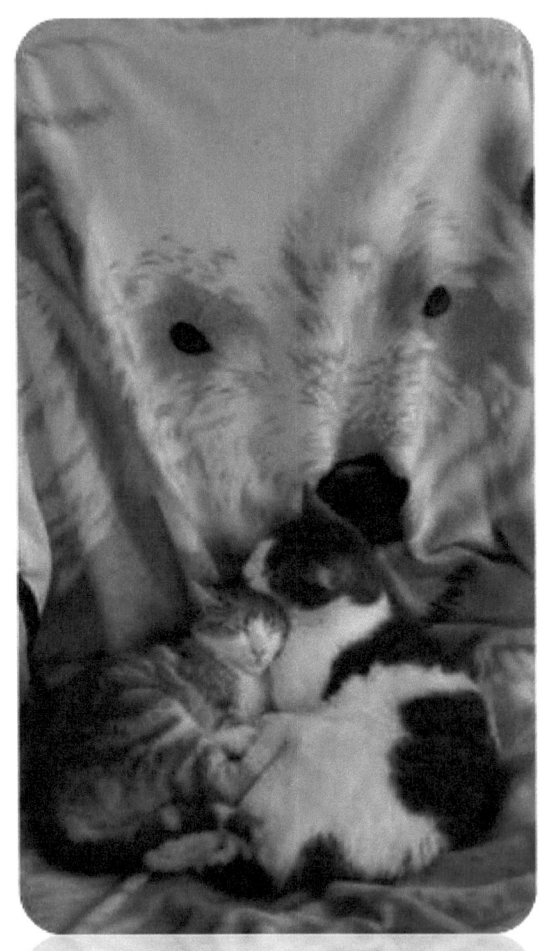

Que faites-vous activement pour renforcer votre relation d'amour à vous-même ? A l'autre ?

« Le jeu, c'est le travail de l'enfant, c'est son métier, c'est sa vie » Pauline kergomard

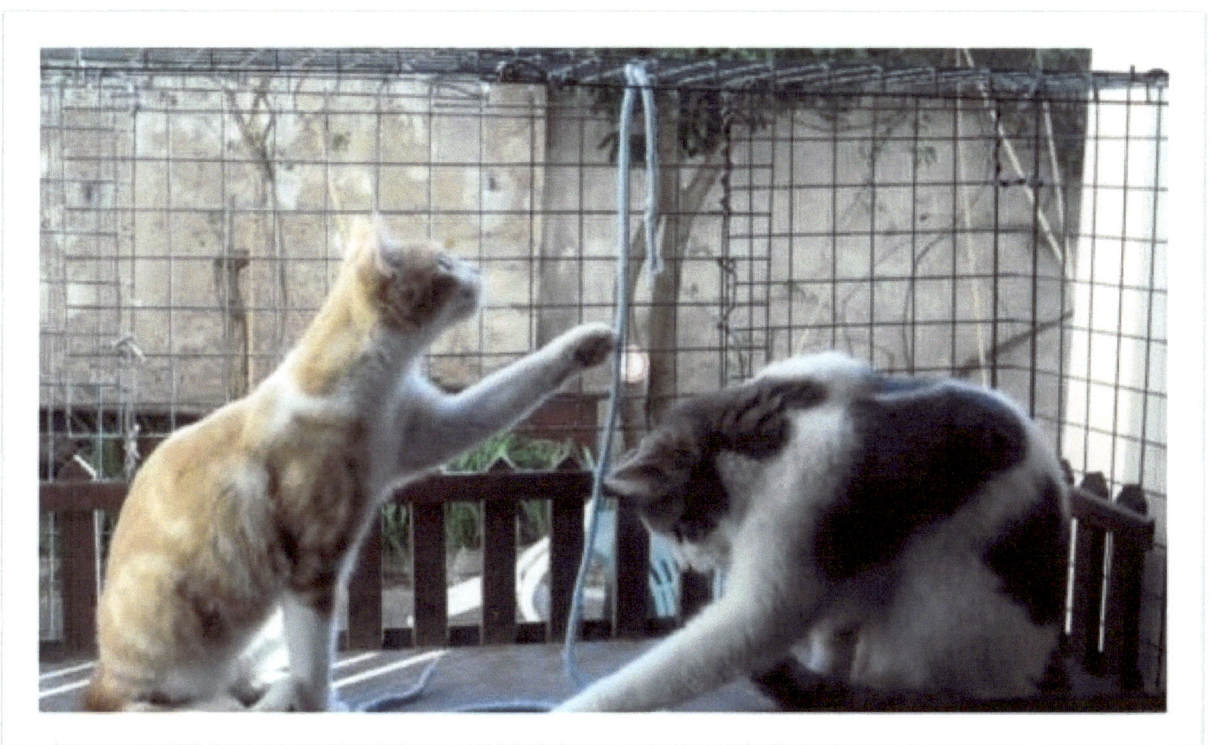

Qu'est-ce qui vous amuse dans la vie ?

« La méditation n'est pas une évasion mais une rencontre sereine avec la réalité » Thich Nhat Hanh

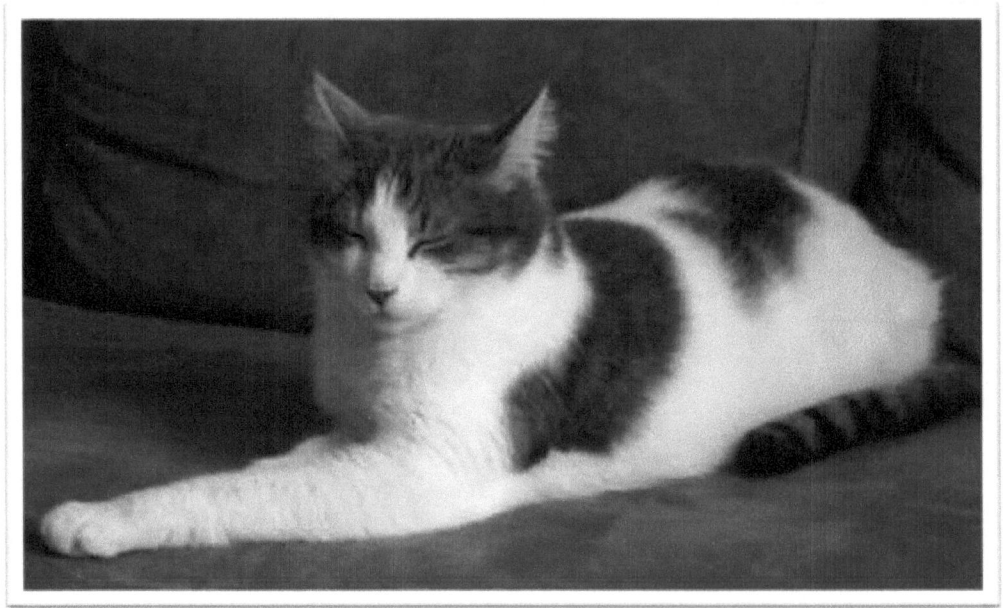

Qu'appréciez-vous dans le moment présent ?

« Le sens de la vie c'est justement de s'amuser avec la vie » Milan Kundera

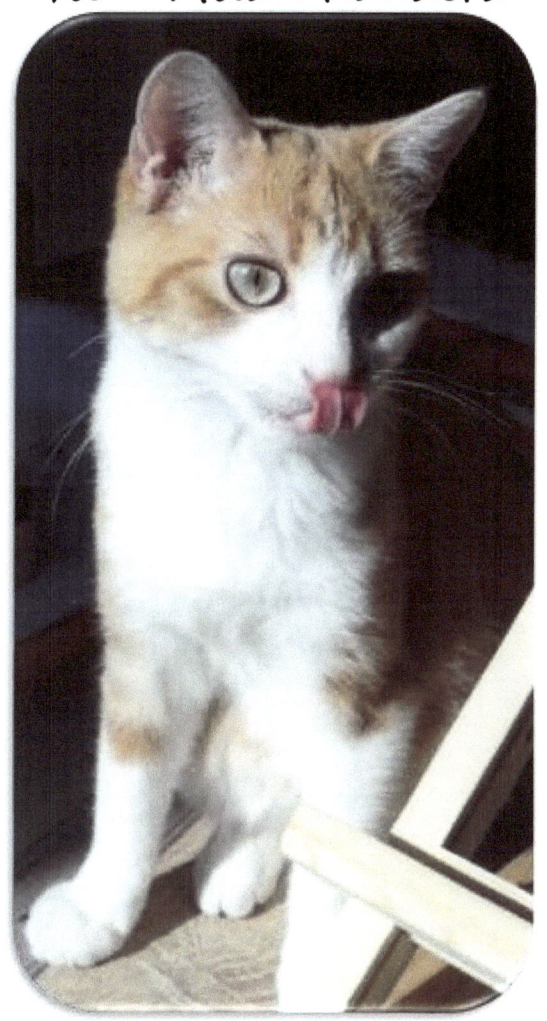

Comment pouvez-vous apporter plus de légèreté dans votre vie ?

« La nature aime à se cacher » Héraclite D'éphèse

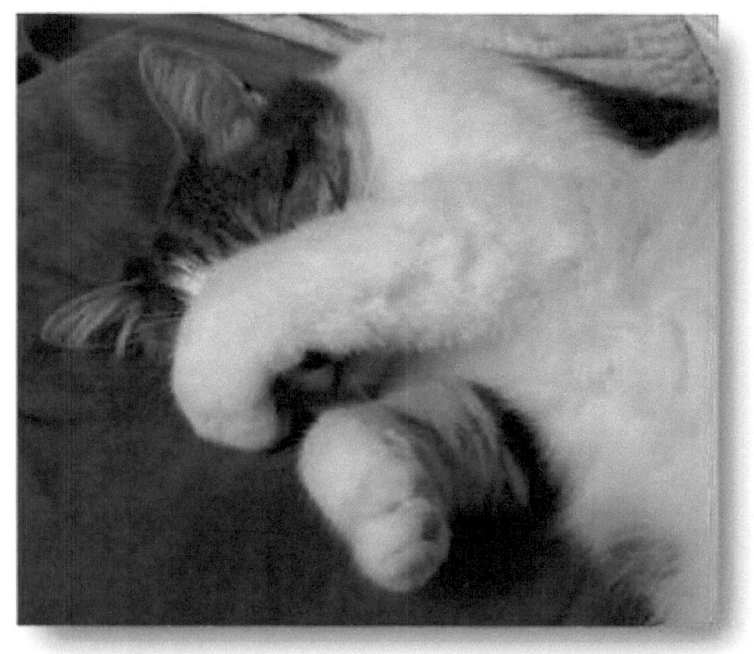

Que souhaiteriez-vous montrer aux autres ?

Au monde ?

« Savoir se reposer, c'est une augmentation précieuse de la vie » Henri Frédéric Amiel

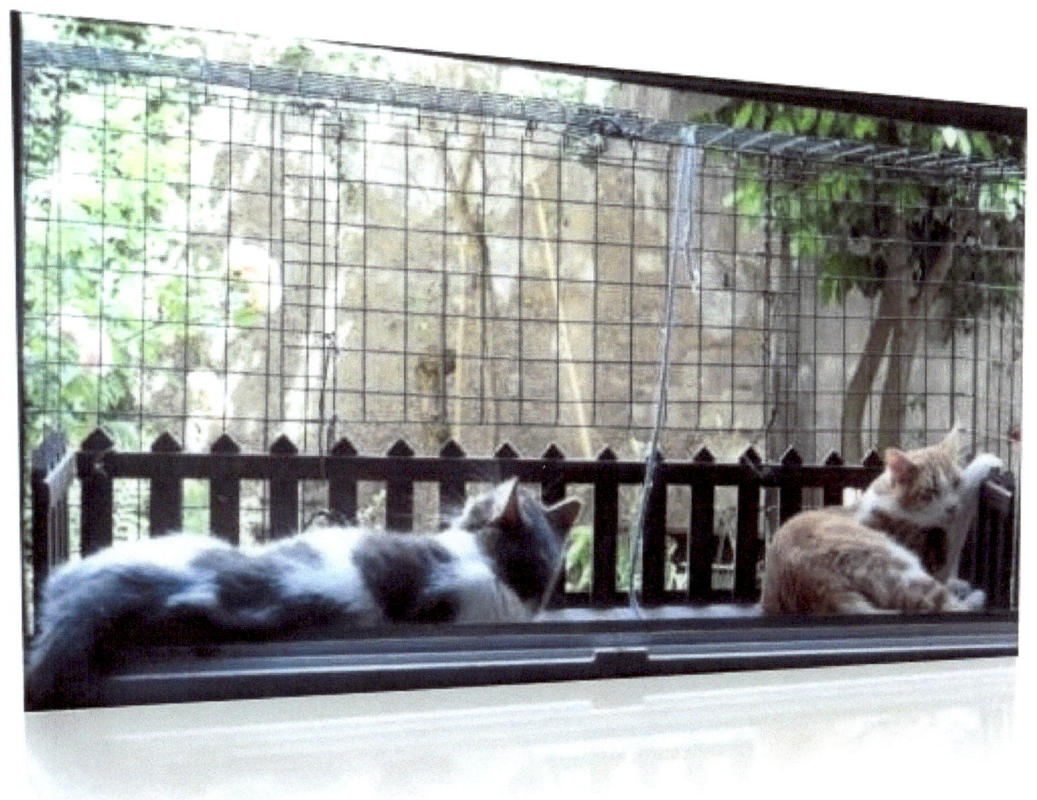

Savez-vous vous reposer? Ne rien faire ?

« Les yeux brillent de mille feux quand ils abritent de belles âmes » Monique Moreau

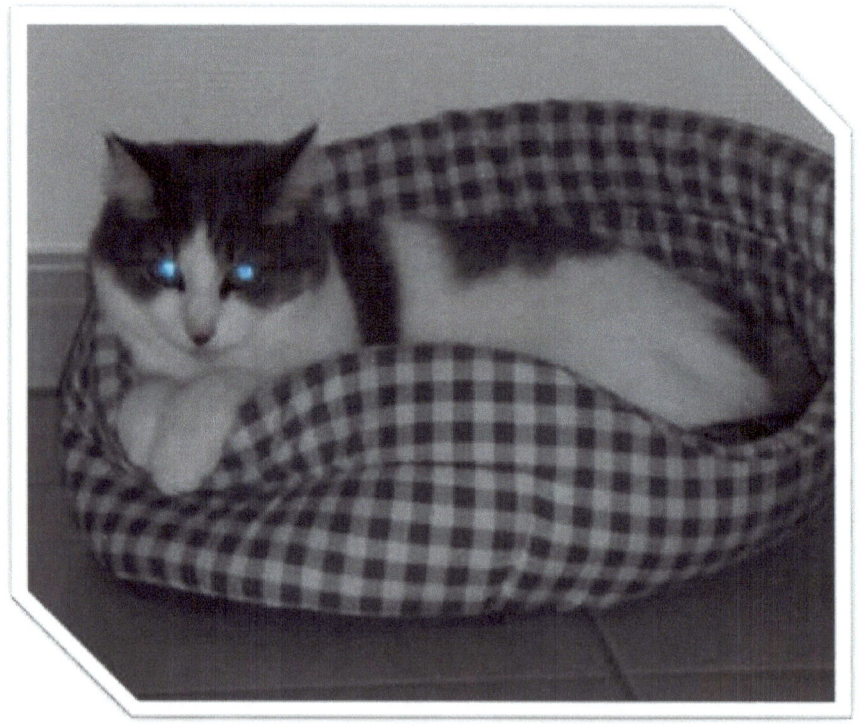

En quoi êtes-vous une belle personne ?

« L'action ne remplace pas la méditation »

Georges Duhamel

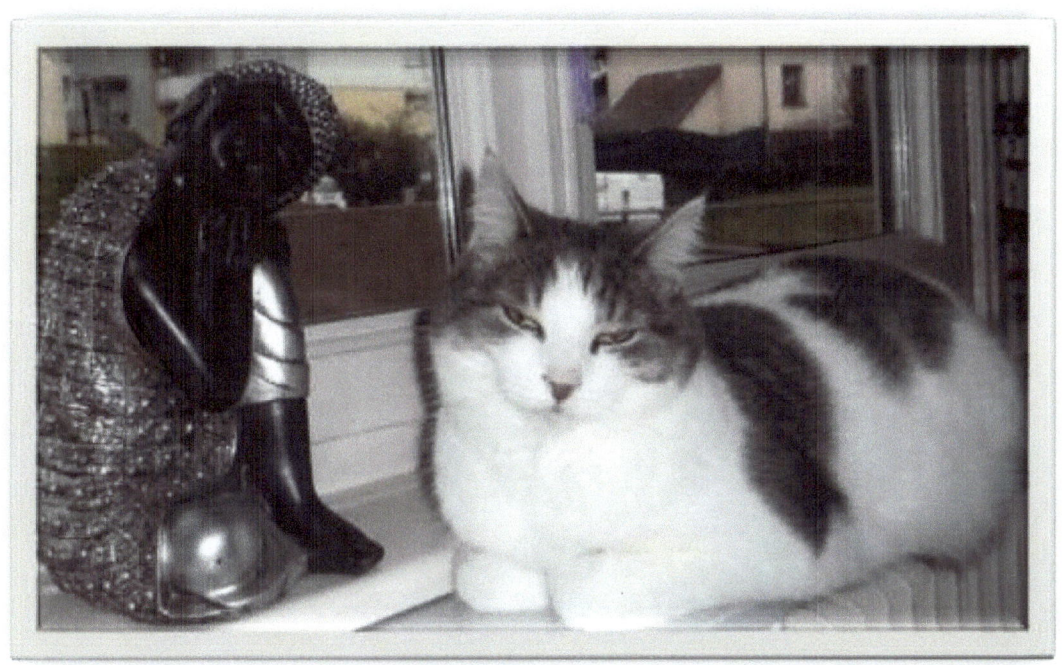

Que signifie méditer ?

« Se méfier des penseurs dont l'esprit ne fonctionne qu'à partir d'une citation » Emil Michel Cioran

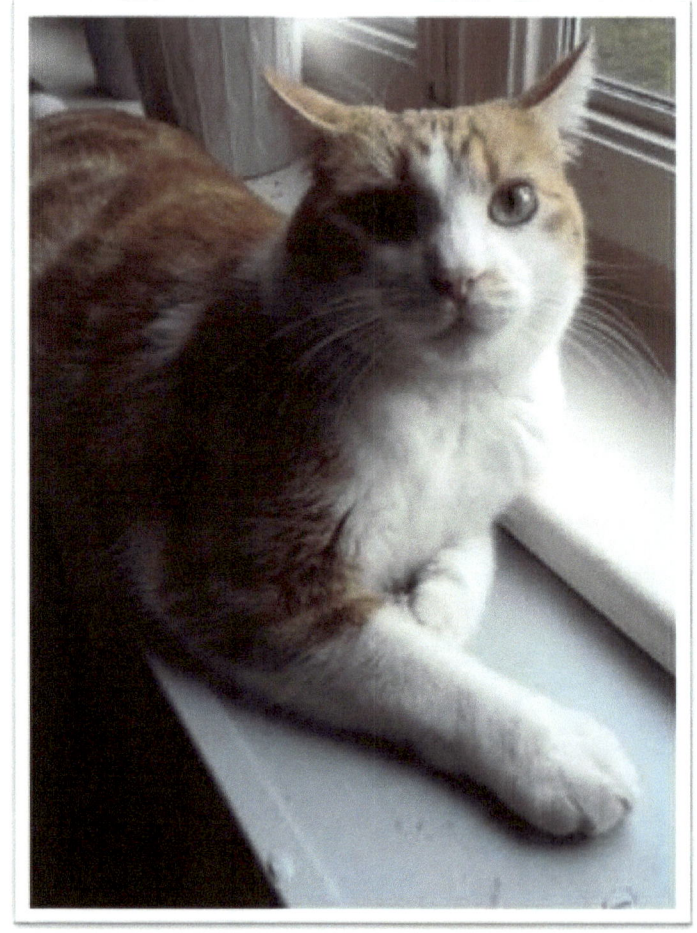

Comment pourriez-vous augmenter votre sentiment de « sécurité intérieure » ?

« La vie est beauté. Admire là » Mère Térésa

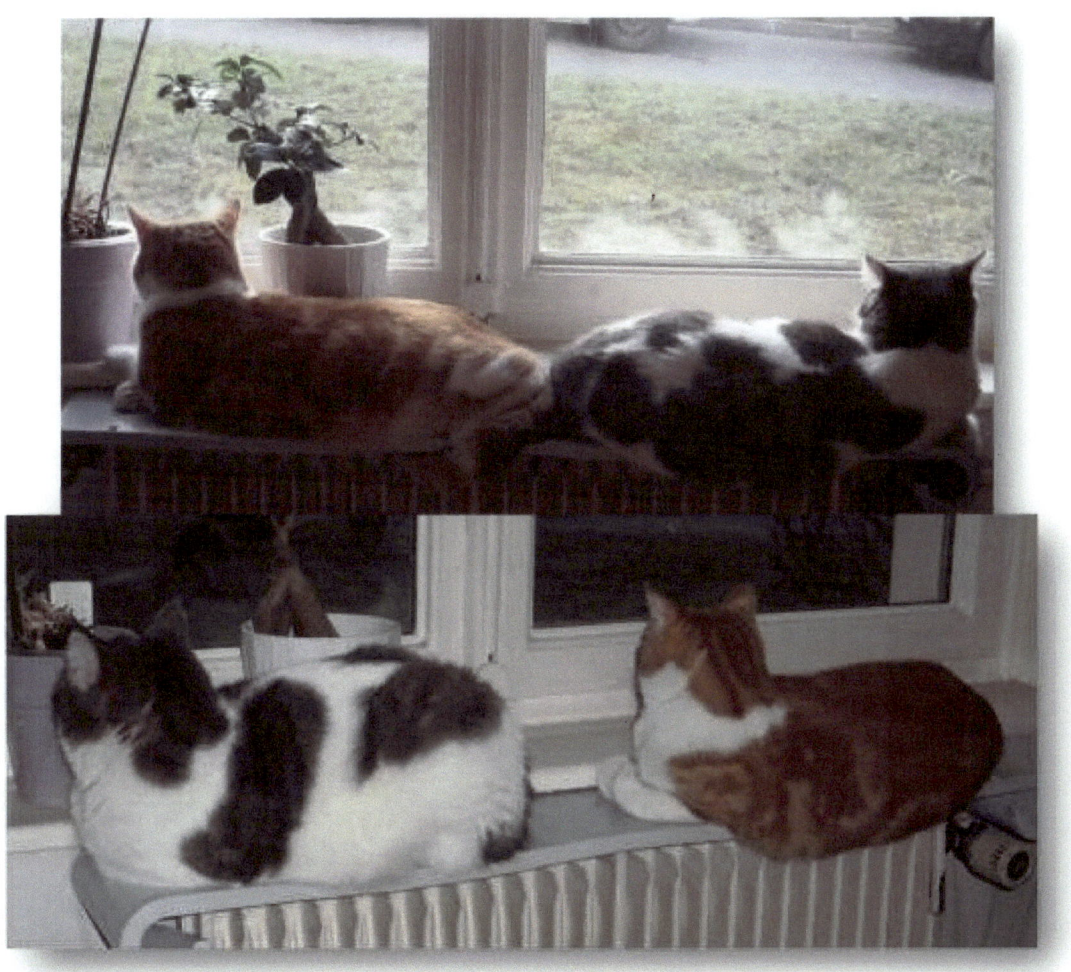

Complétez ce qu'est la vie pour vous. « La vie est ... »

« Pour voir loin, il faut y regarder de près » Pierre Dac

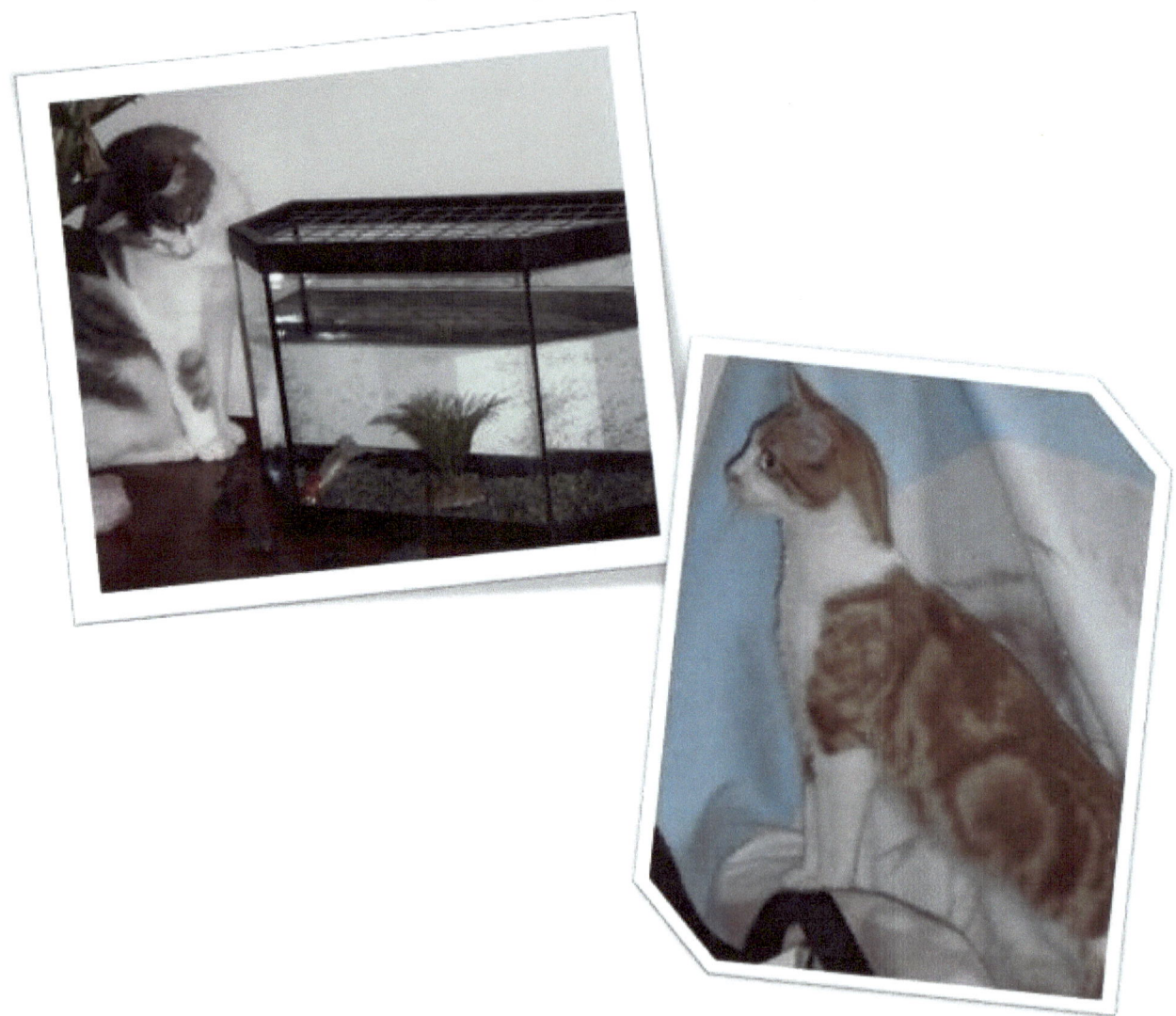

Quelles leçons pouvez-vous tirer de vos expériences « malheureuses » ?

Merci...

Merci à tous mes compagnons à 4 pattes, mes chats d'amour, qui ont fait un bout de chemin avec moi.

Merci pour votre générosité, votre bienveillance, votre attention, votre présence, votre douceur, votre sagesse, vos enseignements.

Merci pour votre authenticité, votre individualité.

Merci d'être là, de nous montrer la voie du moment présent, de la paresse, de la tranquillité, du repos.

Nous avons tant à apprendre de vous...

Merci Chipie, Petsy, Iris, Félix, Féline et Marty

d'avoir posé volontairement ... ou pas !

A propos de l'auteur

« Nous avons chacun, chacune une voie pour se réaliser au mieux de qui nous sommes »
Sandrine Bonas

Certifiée en sophrologie holistique et en art-thérapie, praticienne Maître reiki usui, Sandrine est née en 1977 en Alsace.
Passionnée d'écriture et de connaissance de soi, elle a à cœur de transmettre, d'éveiller, d'exprimer et de partager. Elle propose un travail d'évolution et de transformation personnelle. Elle a trouvé à travers l'écriture le moyen de se connecter aux autres et de partager des émotions, ainsi que d'aider les gens à évoluer sur leur propre chemin de vie.

Sa bibliographie

- Recueil de textes, cheminer sur sa propre voie, Editions Le Manuscrit, 2008
- Quand l'amour se décline, Editions Edilivre, 2010
- Par-delà la vie, par-delà la mort, Editions Edilivre, 2010
- Lexique vibratoire, des mots qui font du bien, Autoédition, septembre 2017
- Quand il n'y a plus de certitudes, alors que reste-t-il ? Tout un chemin à parcourir, réédition Autoédition, octobre 2017
- Vivre son deuil autrement, Autoédition, novembre 2017
- Cahier pratique « Mieux se connaître » co-écrit avec Claudine Duss, février 2018

Vous pouvez suivre son actualité sur son site internet https://retourasoiicietmaintenant.jimdo.com/

www.ingramcontent.com/pod-product-compliance
Lightning Source LLC
Chambersburg PA
CBHW051821210526
45473CB00005B/1691